Raoul Osborn

Le fractionnement de Dieu dans l'Univers

Raoul Osborn

Le fractionnement de Dieu dans l'Univers

Dieu peut être partout à la fois en contrôlant parfaitement tout l'Univers

Éditions Croix du Salut

Imprint
Any brand names and product names mentioned in this book are subject to trademark, brand or patent protection and are trademarks or registered trademarks of their respective holders. The use of brand names, product names, common names, trade names, product descriptions etc. even without a particular marking in this work is in no way to be construed to mean that such names may be regarded as unrestricted in respect of trademark and brand protection legislation and could thus be used by anyone.

Cover image: www.ingimage.com

Publisher:
Éditions Croix du Salut
is a trademark of
Dodo Books Indian Ocean Ltd. and OmniScriptum S.R.L publishing group

120 High Road, East Finchley, London, N2 9ED, United Kingdom
Str. Armeneasca 28/1, office 1, Chisinau MD-2012, Republic of Moldova, Europe
Printed at: see last page
ISBN: 978-620-3-84574-7

Le plus grand des mystères de tous les temps est que Dieu s'est fait homme par Jésus-Christ.

Table des matières

Introduction

L'un des sujets à polémiques dans l'église et dans le monde, C'est, est-ce que Jésus-Christ est Dieu ?

La complexité de ce sujet vient du fait que, dans plusieurs passages de la Bible, Jésus-Christ est appelé fils de Dieu. Nous lisons le récit, de la naissance de Jésus-Christ, dans l'évangile de Luc, au chapitre1 du verset 27au verset 37.

Au sixième mois, l'ange Gabriel fut envoyé par Dieu dans une ville de Galilée, appelée Nazareth,

1.27

Auprès d'une vierge fiancée à un homme de la maison de David, nommé Joseph. Le nom de la vierge était Marie.

1.28

L'ange entra chez elle, et dit : Je te salue, toi à qui une grâce a été faite; le Seigneur est avec toi.

1.29

Troublée par cette parole, Marie se demandait ce que pouvait signifier une telle salutation.

1.30

L'ange lui dit : Ne crains point, Marie ; car tu as trouvé grâce devant Dieu.

1.31

Et voici, tu deviendras enceinte, et tu enfanteras un fils, et tu lui donneras le nom de Jésus.

1.32

Il sera grand et sera appelé Fils du Très Haut, et le Seigneur Dieu lui donnera le trône de David, son père.

1.33

Il règnera sur la maison de Jacob éternellement, et son règne n'aura point de fin.

1.34

Marie dit à l'ange : Comment cela se fera-t-il, puisque je ne connais point d'homme ?

1.35

L'ange lui répondit : Le Saint Esprit viendra sur toi, et la puissance du Très Haut te couvrira de son ombre. C'est pourquoi le saint enfant qui naîtra de toi sera appelé Fils de Dieu.

1.36

Voici, Élisabeth, ta parente, a conçu, elle aussi, un fils en sa vieillesse, et celle qui était appelée stérile est dans son sixième mois.

1.37

Car rien n'est impossible à Dieu.

Et dans l'évangile de Matthieu, nous faisons aussi cette lecture,

Matthieu 3

3.13

Alors Jésus vint de la Galilée au Jourdain vers Jean, pour être baptisé par lui.

3.14

Mais Jean s'y opposait, en disant : C'est moi qui ai besoin d'être baptisé par toi, et tu viens à moi !

3.15

Jésus lui répondit : Laisse faire maintenant, car il est convenable que nous accomplissions ainsi tout ce qui est juste. Et Jean ne lui résista plus.

3.16

Dès que Jésus eut été baptisé, il sortit de l'eau. Et voici, les cieux s'ouvrirent, et il vit l'Esprit de Dieu descendre comme une colombe et venir sur lui.

3.17

Et voici, une voix fit entendre des cieux ces paroles : Celui-ci est mon Fils bien-aimé, en qui j'ai mis toute mon affection.

Voici quelques passages du nouveau testament qui disent de Jésus-Christ qu'il est le fils de Dieu. Mais quand nous lisons certains autres passages comme par exemple l'évangile de Jean chapitre 1 nous révèle que Jésus-Christ est Dieu fait homme : Jean 1

1.1

Au commencement était la Parole, et la Parole était avec Dieu, et la Parole était Dieu.

1.2

Elle était au commencement avec Dieu.

1.3

Toutes choses ont été faites par elle, et rien de ce qui a été fait n'a été fait sans elle.

1.4

En elle était la vie, et la vie était la lumière des hommes.

1.5

La lumière luit dans les ténèbres, et les ténèbres ne l'ont point reçue.

1.6

Il y eut un homme envoyé de Dieu : son nom était Jean.

1.7

Il vint pour servir de témoin, pour rendre témoignage à la lumière, afin que tous crussent par lui.

1.8

Il n'était pas la lumière, mais il parut pour rendre témoignage à la lumière.

1.9

Cette lumière était la véritable lumière, qui, en venant dans le monde, éclaire tout homme.

1.10

Elle était dans le monde, et le monde a été fait par elle, et le monde ne l'a point connue.

1.11

Elle est venue chez les siens, et les siens ne l'ont point reçue.

1.12

Mais à tous ceux qui l'ont reçue, à ceux qui croient en son nom, elle a donné le pouvoir de devenir enfants de Dieu, lesquels sont nés,

1.13

Non du sang, ni de la volonté de la chair, ni de la volonté de l'homme, mais de Dieu.

1.14

Et la parole a été faite chair, et elle a habité parmi nous, pleine de grâce et de vérité ; et nous avons contemplé sa gloire, une gloire comme la gloire du Fils unique venu du Père.

Et encore dans l'évangile de Jean au chapitre14, Jésus-Christ lui-même révèle sa nature divine. Nous lisons ce passage ; Jean 14

14.1

Que votre cœur ne se trouble point. Croyez en Dieu, et croyez en moi.

14.2

Il y a plusieurs demeures dans la maison de mon Père. Si cela n'était pas, je vous l'aurais dit. Je vais vous préparer une place.

14.3

Et, lorsque je m'en serai allé, et que je vous aurai préparé une place, je reviendrai, et je vous prendrai avec moi, afin que là où je suis vous y soyez aussi.

14.4

Vous savez où je vais, et vous en savez le chemin.

14.5

Thomas lui dit : Seigneur, nous ne savons où tu vas ; comment pouvons-nous en savoir le chemin ?

14.6

Jésus lui dit : Je suis le chemin, la vérité, et la vie. Nul ne vient au Père que par moi.

14.7

Si vous me connaissiez, vous connaîtriez aussi mon Père. Et dès maintenant vous le connaissez, et vous l'avez vu.

14.8

Philippe lui dit : Seigneur, montre-nous le Père, et cela nous suffit.

14.9

Jésus lui dit : Il y a si longtemps que je suis avec vous, et tu ne m'as pas connu, Philippe ! Celui qui m'a vu a vu le Père ; comment dis-tu : Montre-nous le Père?

14.10

Ne crois-tu pas que je suis dans le Père, et que le Père est en moi ? Les paroles que je vous dis, je ne les dis pas de moi-même ; et le Père qui demeure en moi, c'est lui qui fait les œuvres.

14.11

Croyez-moi, je suis dans le Père, et le Père est en moi ; croyez du moins à cause de ces œuvres.

Dans ces passages bibliques ; nous voyons que Jésus-Christ est à la fois Dieu, et homme. Maintenant, la question qui se pose est comment Jésus-Christ peut-il à la fois être le Dieu tout-puissant et homme en même temps, c'est ce que nous allons par la grâce de Dieu découvrir dans cet ouvrage.il faut noter que tous les passages bibliques de ces ouvrages sont tirés de la Bible Louis Segong version révisée 1910

Chapitre 1 : Les apparences que Dieu prenait dans l'ancien testament.

Quand on parle de Dieu, et de sa toute puissance, ce que beaucoup ignorent, est que ce Dieu tout-puissant est depuis la création venu vers l'homme sous plusieurs formes. Par exemple dans le jardin d'Eden voici ce que nous dit la Bible à ce sujet :

Genèse 3

3.1

Le serpent était le plus rusé de tous les animaux des champs, que l'Éternel Dieu avait faits. Il dit à la femme : Dieu a-t-il réellement dit : Vous ne mangerez pas de tous les arbres du jardin ?

3.2

La femme répondit au serpent : Nous mangeons du fruit des arbres du jardin.

3.3

Mais quant au fruit de l'arbre qui est au milieu du jardin, Dieu a dit : Vous n'en mangerez point et vous n'y toucherez point, de peur que vous ne mouriez.

3.4

Alors le serpent dit à la femme : Vous ne mourrez point ;

3.5

Mais Dieu sait que, le jour où vous en mangerez, vos yeux s'ouvriront, et que vous serez comme des dieux, connaissant le bien et le mal.

3.6

La femme vit que l'arbre était bon à manger et agréable à la vue, et qu'il était précieux pour ouvrir l'intelligence ; elle prit de son fruit, et en mangea ; elle en donna aussi à son mari, qui était auprès d'elle, et il en mangea.

3.7

Les yeux de l'un et de l'autre s'ouvrirent, ils connurent qu'ils étaient nus, et ayant cousu des feuilles de figuier, ils s'en firent des ceintures.

3.8

Alors ils entendirent la voix de l'Éternel Dieu, qui parcourait le jardin vers le soir, et l'homme et sa femme se cachèrent loin de la face de l'Éternel Dieu, au milieu des arbres du jardin.

3.9

Mais l'Éternel Dieu appela l'homme, et lui dit : Où es-tu ?

3.10

Il répondit : J'ai entendu ta voix dans le jardin, et j'ai eu peur, parce que je suis nu, et je me suis caché. Dans ce passage il est claire que Dieu rendait toujours visite à Adam et Eve, et s'entretenait avec eux ce qui veut dire que Adam et Eve ; voyait Dieu sous une certaine apparence qu'il prenait pour allait les rencontrer et eux, savaient pleinement que c'était Dieu le tout-puissant le créateur de toutes choses, celui qui les avait fait. Nous voyons aussi le cas de Gédéon qui a reçu la visite de Dieu sous forme de l'ange de l'Eternel. Lisons dans le livre des Juges ;

Juges 6

6.1

Les enfants d'Israël firent ce qui déplaît à l'Éternel ; et l'Éternel les livra entre les mains de Madian, pendant sept ans.

6.2

La main de Madian fut puissante contre Israël. Pour échapper à Madian, les enfants d'Israël se retiraient dans les ravins des montagnes, dans les cavernes et sur les rochers fortifiés.

6.3

Quand Israël avait semé, Madian montait avec Amalek et les fils de l'Orient, et ils marchaient contre lui.

6.4

Ils campaient en face de lui, détruisaient les productions du pays jusque vers Gaza, et ne laissaient en Israël ni vivres, ni brebis, ni bœufs, ni ânes.

6.5

Car ils montaient avec leurs troupeaux et leurs tentes, ils arrivaient comme une multitude de sauterelles, ils étaient innombrables, eux et leurs chameaux, et ils venaient dans le pays pour le ravager.

6.6

Israël fut très malheureux à cause de Madian, et les enfants d'Israël crièrent à l'Éternel.

6.7

Lorsque les enfants d'Israël crièrent à l'Éternel au sujet de Madian,

6.8

L'Éternel envoya un prophète aux enfants d'Israël. Il leur dit : Ainsi parle l'Éternel, le Dieu d'Israël : Je vous ai fait monter d'Égypte, et je vous ai fait sortir de la maison de servitude.

6.9

Je vous ai délivrés de la main des Égyptiens et de la main de tous ceux qui vous opprimaient ; je les ai chassés devant vous, et je vous ai donné leur pays.

6.10

Je vous ai dit : Je suis l'Éternel, votre Dieu ; vous ne craindrez point les dieux des Amoréens, dans le pays desquels vous habitez. Mais vous n'avez point écouté ma voix.

6.11

Puis vint l'ange de l'Éternel, et il s'assit sous le térébinthe d'Ophra, qui appartenait à Joas, de la famille d'Abiézer. Gédéon, son fils, battait du froment au pressoir, pour le mettre à l'abri de Madian.

6.12

Gédéon lui dit : Ah ! mon seigneur, si l'Éternel est avec nous, pourquoi toutes ces choses nous sont-elles arrivées ? Et où sont tous ces prodiges que nos pères nous racontent, quand ils disent L'ange de l'Éternel lui apparut, et lui dit : L'Éternel est avec toi, vaillant héros !

6.13

L'Éternel ne nous a-t-il pas fait monter hors d'Égypte ? Maintenant l'Éternel nous abandonne, et il nous livre entre les mains de Madian !

6.14

L'Éternel se tourna vers lui, et dit : Va avec cette force que tu as, et délivre Israël de la main de Madian ; n'est-ce pas moi qui t'envoie ?

6.15

Gédéon lui dit : Ah ! mon seigneur, avec quoi délivrerai-je Israël ? Voici, ma famille est la plus pauvre en Manassé, et je suis le plus petit dans la maison de mon père.

6.16

Madian comme un seul homme lui dit : Mais je serai avec toi, et tu battras L'Éternel

6.17

Gédéon lui dit : Si j'ai trouvé grâce à tes yeux, donne-moi un signe pour montrer que c'est toi qui me parles.

6.18

Ne t'éloigne point d'ici jusqu'à ce que je revienne auprès de toi, que j'apporte mon offrande, et que je la dépose devant toi. Et l'Éternel dit : Je resterai jusqu'à ce que tu reviennes.

6.19

Gédéon entra, prépara un chevreau, et fit avec un épha de farine des pains sans levain. Il mit la chair dans un panier et le jus dans un pot, les lui apporta sous le térébinthe, et les présenta.

6.20

L'Angede Dieu lui dit : Prends la chair et les pains sans levain, pose-les sur ce rocher, et répands le jus. Et il fit ainsi.

6.21

L'ange de l'Éternel avança l'extrémité du bâton qu'il avait à la main, et toucha la chair et les pains sans levain. Alors il s'éleva du rocher un feu qui consuma la chair et les pains sans levain. Et l'ange de l'Éternel disparut à ses yeux.

6.22

Gédéon, voyant que c'était l'ange de l'Éternel, dit : Malheur à moi, Seigneur Éternel ! car j'ai vu L'ange l'ange de l'Éternel face à face.

6.23

Et l'Éternel lui dit : Sois en paix, ne crains point, tu ne mourras pas.

Dans ces textes biblique la parole de Dieu nous dit que Dieu le tout-puissant a pris une forme qu'on appelle l'ange de l'Eternel pour se présenter à Gédéon et lui confier la mission de délivrer les enfants d'Israël des mains des madianites, qui les asservissaient. Et Gédéon réussi sa mission par ce que Dieu était avec lui. Nous allons aussi parler de la Lutte de Jacob avec Dieu. Genèse 32

Jacob demeura seul. Alors un homme lutta avec lui jusqu'au lever de l'aurore.

32.25

Voyant qu'il ne pouvait le vaincre, cet homme le frappa à l'emboîture de la hanche ; et l'emboîture de la hanche de Jacob se démit pendant qu'il luttait avec lui.

32.26

Il dit : Laisse-moi aller, car l'aurore se lève. Et Jacob répondit : Je ne te laisserai point aller, que tu ne m'aies béni.

32.27

Il lui dit : Quel est ton nom ? Et il répondit : Jacob.

32.28

Il dit encore : ton nom ne sera plus Jacob, mais tu seras appelé Israël ; car tu as lutté avec Dieu et avec des hommes, et tu as été vainqueur.

32.29

Jacob l'interrogea, en disant : Fais-moi je te prie, connaître ton nom. Il répondit : Pourquoi demandes-tu mon nom ? Et il le bénit là.

32.30

Jacob appela ce lieu du nom de Peniel: car, dit-il, j'ai vu Dieu face à face, et mon âme a été sauvée.

Dans tous ces textes bibliques que nous venons de parcourir ci-dessus, il est noté clairement que Dieu plusieurs fois a pris différentes formes pour apparaître aux hommes, et a communiqué avec eux. La grande question qu'on peut se poser et qui est à la fois pertinente est, quand Dieu prenait toutes ces différentes formes, pour apparaitre à ces hommes avec qui il a interagi directement, qui était assis sur le trône de Dieu là haut en ce moment précis ? Dieu avait-il laissé son trône vide pour venir faire un tour sur la terre en prenant une autre forme ?ou encore quand Dieu descendait sous ces différentes formes, pour apparaître aux hommes avec qui il a communiqué directement tels que Adam et Eve, Gédéon et Jacob, est ce que Dieu ne contrôlait plus tout l'univers, ou encore est-ce que Dieu ne voyait plus tout ce qui se passait en même temps partout à la fois dans notre univers ? Ou encore est-ce que Dieu n'était-il plus présent dans tous les autres endroits de notre univers en même temps ?Une autre grande question est celle-ci quand dans le monde entier au même moment des croyants dispersés dans tous les continents, et pour certains ils sont entrain de prier dans des édifices religieux, d'autres dans leur chambre, d'autres encore cachés dans les forêts, dans les déserts dans les toilettes dans les véhicules, sur les collines ; ou encore dans des endroits qu'on ne peut imaginer est-ce que Dieu est dans tous ces endroits en même temps ? Si nous comprenons toutes ces choses alors on est sur le bon chemin pour comprendre le plus grand mystère de tous les temps à savoir Jésus-Christ est-il le Dieu tout-puissant ?

Chapitre 2 : Le fractionnement de Dieu.

Définition : fractionnement est l'action de fractionner de morceler, partager, etc.

Nous allons choisir un mot synonyme, qui est le mot diviser. Ici donc le fractionnement de Dieu veut dire que Dieu peut lui-même se diviser en plusieurs, à l'infini, et avoir le plein contrôle sur tout l'univers, et agir en même temps partout à la fois selon sa volonté en faisant ce qu'il lui plait de faire parfaitement, c'est ce qu'en théologie on appelle l'omniprésence de Dieu, c'est-à-dire que Dieu est partout présent à la fois et l'omnipotence de Dieu qui signifie que Dieu peut tout faire et rien ne lui est impossible. Les religions dites monothéistes ont tous la même conception d'un Dieu unique et tout-puissant qui est le créateur des cieux et de la terre et qui peut faire toutes choses et rien ne lui est impossible. Alors si Dieu peut faire toutes choses, il ne faut donc pas douter que ce Dieu peut faire des choses qui vont au-delà de l'imagination humaine qui est d'être pleinement Dieu sur son trône, et en même temps prenant une forme humaine pour venir sur terre et porter le nom de Jésus-Christ ! Nous allons parcourir un passage biblique dans l'évangile de Jean, pour chercher à comprendre ce mystère : Jean 14

14.1

Que votre cœur ne se trouble point. Croyez en Dieu, et croyez en moi.

14.2

Il y a plusieurs demeures dans la maison de mon Père. Si cela n'était pas, je vous l'aurais dit. Je vais vous préparer une place.

14.3

Et, lorsque je m'en serai allé, et que je vous aurai préparé une place, je reviendrai, et je vous prendrai avec moi, afin que là où je suis vous y soyez aussi.

14.4

Vous savez où je vais, et vous en savez le chemin.

14.5

Thomas lui dit : Seigneur, nous ne savons où tu vas ; comment pouvons-nous en savoir le chemin ?

14.6

Jésus lui dit : Je suis le chemin, la vérité, et la vie. Nul ne vient au Père que par moi.

14.7

Si vous me connaissiez, vous connaîtriez aussi mon Père. Et dès maintenant vous le connaissez, et vous l'avez vu.

14.8

Philippe lui dit : Seigneur, montre-nous le Père, et cela nous suffit.

14.9

Jésus lui dit : Il y a si longtemps que je suis avec vous, et tu ne m'as pas connu, Philippe ! Celui qui m'a vu a vu le Père ; comment dis-tu : Montre-nous le Père ?

14.10

Ne crois-tu pas que je suis dans le Père, et que le Père est en moi ? Les paroles que je vous dis, je ne les dis pas de moi-même ; et le Père qui demeure en moi, c'est lui qui fait les œuvres.

14.11

Croyez-moi, je suis dans le Père, et le Père est en moi ; croyez du moins à cause de ces œuvres.

Dans ce passage que nous venons de parcourir, le seigneur Jésus-Christ lui-même révèle le mystère de Dieu à ses disciples il dit : « Celui qui m'a vu a vu le père », c'est-à-dire celui qui m'a vu a vu Dieu ! Jésus-Christ en lui-même était l'image du Dieu invisible, c'est ce que dit : Hébreux 1

1.1

Après avoir autrefois, à plusieurs reprises et de plusieurs manières, parlé à nos pères par les prophètes,

1.2

Dieu, dans ces derniers temps, nous a parlé par le Fils, qu'il a établi héritier de toutes choses, par lequel il a aussi créé le monde,

1.3

Et qui, étant le reflet de sa gloire et l'empreinte de sa personne, et soutenant toutes choses par sa parole puissante, a fait la purification des péchés et s'est assis à la droite de la majesté divine dans les lieux très hauts.

Dieu, s'est fait chair ou encore Dieu s'est divisé, et une de ses divisions s'est faite chair et a porté le nom de Jésus-Christ sur terre tout comme dans l'ancien testament, Dieu en prenant l'apparence de l'ange de l'Eternel, pour apparaitre à certaines personnes se divisait, et pendant qu'il était sur son trône et partout présent à la fois, prenait au même moment la forme de l'ange de l'Eternel pour, se manifester à qui il le voulait. Ne dit-on pas que Dieu est le tout-puissant ? Si toutes les grandes religions admettent que Dieu peut faire toutes choses et que tout est possible à Dieu, alors pourquoi donc ne pas croire que Dieu le tout-puissant pouvait à la fois être Jésus-Christ, et être aussi assis sur son trône et en même temps, être partout présent à la fois, et contrôler pleinement tout l'univers. Quand nous lisons ce que l'Apôtre Jean a écrit sous l'inspiration divine, dans le premier chapitre de son évangile, concernant Dieu fait chair il dit, dans : Jean 1

1.1

Au commencement était la Parole, et la Parole était avec Dieu, et la Parole était Dieu.

1.2

Elle était au commencement avec Dieu.

1.3

Toutes choses ont été faites par elle, et rien de ce qui a été fait n'a été fait sans elle.

1.4

En elle était la vie, et la vie était la lumière des hommes.

1.5

La lumière luit dans les ténèbres, et les ténèbres ne l'ont point reçue.

1.6

Il y eut un homme envoyé de Dieu : son nom était Jean.

1.7

Il vint pour servir de témoin, pour rendre témoignage à la lumière, afin que tous crussent par lui.

1.8

Il n'était pas la lumière, mais il parut pour rendre témoignage à la lumière.

1.9

Cette lumière était la véritable lumière, qui, en venant dans le monde, éclaire tout homme.

1.10

Elle était dans le monde, et le monde a été fait par elle, et le monde ne l'a point connue.

1.11

Elle est venue chez les siens, et les siens ne l'ont point reçue.

1.12

Mais à tous ceux qui l'ont reçue, à ceux qui croient en son nom, elle a donné le pouvoir de devenir enfants de Dieu, lesquels sont nés.

1.13

Non du sang, ni de la volonté de la chair, ni de la volonté de l'homme, mais de Dieu.

1.14

Et la parole a été faite chair, et elle a habité parmi nous, pleine de grâce et de vérité ; et nous avons contemplé sa gloire, une gloire comme la gloire du Fils unique venu du Père.

Dans ce passage, il est claire que la Bible nous révèle que Jésus-Christ est Dieu fait chair, mais ce que nous devons retenir, est que cela ne veut pas dire que Jésus-Christ était toute la plénitude de la divinité, tout comme lorsque Dieu venait aux hommes et les apparaissait sous forme de l'ange de l'Eternel, il ne venait pas à eux, avec toute la plénitude de la divinité, sinon le monde entier serait détruit par la puissance de Dieu !Souvenons-nous de ce qui s'est passé du temps de Moise ,lorsque Dieu est descendu sur la montagne dans, Exode 19

19.1

Le troisième mois après leur sortie du pays d'Égypte, les enfants d'Israël arrivèrent ce jour-là au désert de Sinaï.

19.2

Étant partis de Rephidim, ils arrivèrent au désert de Sinaï, et ils campèrent dans le désert ; Israël campa là, vis-à-vis de la montagne.

19.3

Moïse monta vers Dieu : et l'Éternel l'appela du haut de la montagne, en disant : Tu parleras ainsi à la maison de Jacob, et tu diras aux enfants d'Israël.

19.4

Vous avez vu ce que j'ai fait à l'Égypte, et comment je vous ai portés sur des ailes d'aigle et amenés vers moi.

19.5

Maintenant, si vous écoutez ma voix, et si vous gardez mon alliance, vous m'appartiendrez entre tous les peuples, car toute la terre est à moi ;

19.6

Vous serez pour moi un royaume de sacrificateurs et une nation sainte. Voilà les paroles que tu diras aux enfants d'Israël.

19.7

Moïse vint appeler les anciens du peuple, et il mit devant eux toutes ces paroles, comme l'Éternel le lui avait ordonné.

19.8

Le peuple tout entier répondit : Nous ferons tout ce que l'Éternel a dit. Moïse rapporta les paroles du peuple à l'Éternel.

19.9

Et l'Éternel dit à Moïse : Voici, je viendrai vers toi dans une épaisse nuée, afin que le peuple entende quand je te parlerai, et qu'il ait toujours confiance en toi. Moïse rapporta les paroles du peuple à l'Éternel.

19.10

Et l'Éternel dit à Moïse : Va vers le peuple ; sanctifie-les aujourd'hui et demain, qu'ils lavent leurs vêtements.

19.11

Qu'ils soient prêts pour le troisième jour ; car le troisième jour l'Éternel descendra, aux yeux de tout le peuple, sur la montagne de Sinaï.

19.12

Tu fixeras au peuple des limites tout à l'entour, et tu diras : Gardez-vous de monter sur la montagne, ou d'en toucher le bord. Quiconque touchera la montagne sera puni de mort.

19.13

On ne mettra pas la main sur lui, mais on le lapidera, ou on le percera de flèches : animal ou homme, il ne vivra point. Quand la trompette sonnera, ils s'avanceront près de la montagne.

19.14

Moïse descendit de la montagne vers le peuple ; il sanctifia le peuple, et ils lavèrent leurs vêtements.

19.15

Et il dit au peuple : Soyez prêts dans trois jours ; ne vous approchez d'aucune femme.

19.16

Le troisième jour au matin, il y eut des tonnerres, des éclairs, et une épaisse nuée sur la montagne ; le son de la trompette retentit fortement ; et tout le peuple qui était dans le camp fut saisi d'épouvante.

19.17

Moïse fit sortir le peuple du camp, à la rencontre de Dieu ; et ils se placèrent au bas de la montagne.

19.18

La montagne de Sinaï était tout en fumée, parce que l'Éternel y était descendu au milieu du feu ; cette fumée s'élevait comme la fumée d'une fournaise, et toute la montagne tremblait avec violence.

19.19

Le son de la trompette retentissait de plus en plus fortement. Moïse parlait, et Dieu lui répondait à haute voix.

19.20

Ainsi l'Éternel descendit sur la montagne de Sinaï, sur le sommet de la montagne ; l'Éternel appela Moïse sur le sommet de la montagne. Et Moïse monta.

19.21

L'Éternel dit à Moïse : Descends, fais au peuple la défense expresse de se précipiter vers l'Éternel, pour regarder, de peur qu'un grand nombre d'entre eux ne périssent.

19.22

Que les sacrificateurs, qui s'approchent de l'Éternel, se sanctifient aussi, de peur que l'Éternel ne les frappe de mort.

19.23

Moïse dit à l'Éternel : Le peuple ne pourra pas monter sur la montagne de Sinaï, car tu nous en as fait la défense expresse, en disant : Fixe des limites autour de la montagne, et sanctifie-la.

19.24

L'Éternel lui dit : Va, descends ; tu monteras ensuite avec Aaron ; mais que les sacrificateurs et le peuple ne se précipitent point pour monter vers l'Éternel, de peur qu'il ne les frappe de mort.

19.25

Moïse descendit vers le peuple, et lui dit ces choses. Dans ce passage biblique, nous lisons que Dieu est descendu sur la montagne du Sinai, c'était épouvantable, mais ce n'était pas toute la plénitude de la divinité, là encore Dieu s'est divisé et une partie de ses division était avec le peuple d'Israël et se manifestait sous forme de tonnerre de feu etc.…Car pendant que Dieu était descendu sur la montagne du Sinai, il était sur son trône, il était partout à la fois dans tout l'Univers, et il avait le plein contrôle de toutes choses dans l'univers et dans son royaume, il n'y a que lui seul, Dieu qui a cette capacité d'agir, c'est pourquoi il est appelé le Dieu tout-puissant, l'Omnipotent, et l'Omniscient. Nous allons aussi voir la rencontre de Dieu, avec le prophète Elie dans 1Rois :19

19.1

Achab rapporta à Jézabel tout ce qu'avait fait Élie, et comment il avait tué par l'épée tous les prophètes.

19.2

Jézabel envoya un messager à Élie, pour lui dire : Que les dieux me traitent dans toute leur rigueur, si demain, à cette heure, je ne fais de ta vie ce que tu as fait de la vie de chacun d'eux !

19.3

Élie, voyant cela, se leva et s'en alla, pour sauver sa vie. Il arriva à Beer Schéba, qui appartient à Juda, et il y laissa son serviteur.

19.4

Pour lui, il alla dans le désert où, après une journée de marche, il s'assit sous un genêt, et demanda la mort, en disant : C'est assez ! Maintenant, Éternel, prends mon âme, car je ne suis pas meilleur que mes pères.

19.5

Il se coucha et s'endormit sous un genêt. Et voici, un ange le toucha, et lui dit : Lève-toi, mange.

19.6

Il regarda, et il y avait à son chevet un gâteau cuit sur des pierres chauffées et une cruche d'eau. Il mangea et but, puis se recoucha.

19.7

L'ange de l'Éternel vint une seconde fois, le toucha, et dit : Lève-toi, mange, car le chemin est trop long pour toi.

19.8

Il se leva, mangea et but ; et avec la force que lui donna cette nourriture, il marcha quarante jours et quarante nuits jusqu'à la montagne de Dieu, à Horeb.

19.9

Et là, il entra dans la caverne, et il y passa la nuit. Et voici, la parole de l'Éternel lui fut adressée, en ces mots : Que fais-tu ici, Élie ?

19.10

Il répondit : J'ai déployé mon zèle pour l'Éternel, le Dieu des armées ; car les enfants d'Israël ont abandonné ton alliance, ils ont renversé tes autels, et ils ont tué par l'épée tes prophètes ; je suis resté, moi seul, et ils cherchent à m'ôter la vie.

19.11

L'Éternel dit : Sors, et tiens-toi dans la montagne devant l'Éternel ! Et voici, l'Éternel passa. Et devant l'Éternel, il y eut un vent fort et violent qui déchirait les montagnes et brisait les rochers : l'Éternel n'était pas dans le vent. Et après le vent, ce fut un tremblement de terre : l'Éternel n'était pas dans le tremblement de terre.

19.12

Et après le tremblement de terre, un feu : l'Éternel n'était pas dans le feu. Et après le feu, un murmure doux et léger.

19.13

Quand Élie l'entendit, il s'enveloppa le visage de son manteau, il sortit et se tint à l'entrée de la caverne. Et voici, une voix lui fit entendre ces paroles : Que fais-tu ici, Élie ?

19.14

Il répondit : J'ai déployé mon zèle pour l'Éternel, le Dieu des armées ; car les enfants d'Israël ont abandonné ton alliance, ils ont renversé tes autels, et ils ont tué par l'épée tes prophètes ; je suis resté, moi seul, et ils cherchent à m'ôter la vie.

19.15

L'Éternel lui dit : Va, reprends ton chemin par le désert jusqu'à Damas ; et quand tu seras arrivé, tu oindras Hazaël pour roi de Syrie.

Chapitre 3 : Le mystère du trône de Dieu et de l'agneau.

Lecture, livre de l'Apocalypse ; Apocalypse 7

7.17

Car l'agneau qui est au milieu du trône les paîtra et les conduira aux sources des eaux de la vie, et Dieu essuiera toute larme de leurs yeux.

Et dans : Apocalypse 22

22.1

Et il me montra un fleuve d'eau de la vie, limpide comme du cristal, qui sortait du trône de Dieu et de l'agneau.

22.2

Au milieu de la place de la ville et sur les deux bords du fleuve, il y avait un arbre de vie, produisant douze fois des fruits, rendant son fruit chaque mois, et dont les feuilles servaient à la guérison des nations.

22.3

Il n'y aura plus d'anathème. Le trône de Dieu et de l'agneau sera dans la ville ; ses serviteurs le serviront et verront sa face.

22.4

Et son nom sera sur leurs fronts. L'agneau dont parle le livre de l'Apocalypse ici c'est Jésus-Christ. Dans l'évangile de Jean, le prophète de Jean-Baptiste a dit ceci de Jésus-Christ lisons dans **Jean 1.**

1.1

Au commencement était la Parole, et la Parole était avec Dieu, et la Parole était Dieu.

1.2

Elle était au commencement avec Dieu.

1.3

Toutes choses ont été faites par elle, et rien de ce qui a été fait n'a été fait sans elle.

1.4

En elle était la vie, et la vie était la lumière des hommes.

1.5

La lumière luit dans les ténèbres, et les ténèbres ne l'ont point reçue.

1.6

Il y eut un homme envoyé de Dieu : son nom était Jean.

1.7

Il vint pour servir de témoin, pour rendre témoignage à la lumière, afin que tous crussent par lui.

1.8

Il n'était pas la lumière, mais il parut pour rendre témoignage à la lumière.

1.9

Cette lumière était la véritable lumière, qui, en venant dans le monde, éclaire tout homme.

1.10

Elle était dans le monde, et le monde a été fait par elle, et le monde ne l'a point connue.

1.11

Elle est venue chez les siens, et les siens ne l'ont point reçue.

1.12

Mais à tous ceux qui l'ont reçue, à ceux qui croient en son nom, elle a donné le pouvoir de devenir enfants de Dieu, lesquels sont nés,

1.13

Non du sang, ni de la volonté de la chair, ni de la volonté de l'homme, mais de Dieu.

1.14

Et la parole a été faite chair, et elle a habité parmi nous, pleine de grâce et de vérité ; et nous avons contemplé sa gloire, une gloire comme la gloire du Fils unique venu du Père.

1.15

Jean lui a rendu témoignage, et s'est écrié : C'est celui dont j'ai dit : Celui qui vient après moi m'a précédé, car il était avant moi.

1.16

Et nous avons tous reçu de sa plénitude, et grâce pour grâce ;

1.17

Car la loi a été donnée par Moïse, la grâce et la vérité sont venues par Jésus Christ.

1.18

Personne n'a jamais vu Dieu ; le Fils unique, qui est dans le sein du Père, est celui qui l'a fait connaître.

1.19

Voici le témoignage de Jean, lorsque les Juifs envoyèrent de Jérusalem des sacrificateurs et des Lévites, pour lui demander : Toi, qui es-tu ?

1.20

Il déclara, et ne le nia point, il déclara qu'il n'était pas le Christ.

1.21

Et ils lui demandèrent : Quoi donc ? es-tu Élie ? Et il dit : Je ne le suis point. Es-tu le prophète ? Et il répondit : Non.

1.22

Ils lui dirent alors : Qui es-tu ? afin que nous donnions une réponse à ceux qui nous ont envoyés. Que dis-tu de toi-même ?

1.23

Moi, dit-il, je suis la voix de celui qui crie dans le désert : Aplanissez le chemin du Seigneur, comme a dit Ésaïe, le prophète.

1.24

Ceux qui avaient été envoyés étaient des pharisiens.

1.25

Ils lui firent encore cette question : Pourquoi donc baptises-tu, si tu n'es pas le Christ, ni Élie, ni le prophète ?

1.26

Jean leur répondit : Moi, je baptise d'eau, mais au milieu de vous il y a quelqu'un que vous ne connaissez pas, qui vient après moi.

1.27

Je ne suis pas digne de délier la courroie de ses souliers.

1.28

Ces choses se passèrent à Béthanie, au delà du Jourdain, où Jean baptisait.

1.29

Le lendemain, il vit Jésus venant à lui, et il dit : Voici l'Agneau de Dieu, qui ôte le péché du monde.

Et dans le livre de : l'Apocalypse 5

5.1

Puis je vis dans la main droite de celui qui était assis sur le trône un livre écrit en dedans et en dehors, scellé de sept sceaux.

5.2

Et je vis un ange puissant, qui criait d'une voix forte : Qui est digne d'ouvrir le livre, et d'en rompre les sceaux ?

5.3

Et personne dans le ciel, ni sur la terre, ni sous la terre, ne put ouvrir le livre ni le regarder.

5.4

Et je pleurai beaucoup de ce que personne ne fut trouvé digne d'ouvrir le livre ni de le regarder.

5.5

Et l'un des vieillards me dit : Ne pleure point ; voici, le lion de la tribu de Juda, le rejeton de David, a vaincu pour ouvrir le livre et ses sept sceaux.

5.6

<u>Et je vis, au milieu du trône et des quatre êtres vivants et au milieu des vieillards, un agneau qui était là comme immolé. Il avait sept cornes et sept yeux, qui sont les sept esprits de Dieu envoyés par toute la terre.</u>

5.7

Il vint, et il prit le livre de la main droite de celui qui était assis sur le trône.

5.8

<u>Quand il eut pris le livre, les quatre êtres vivants et les vingt-quatre vieillards se prosternèrent devant l'agneau, tenant chacun une harpe et des coupes d'or remplies de parfums, qui sont les prières des saints.</u>

5.9

Et ils chantaient un cantique nouveau, en disant : Tu es digne de prendre le livre, et d'en ouvrir les sceaux ; car tu as été immolé, et tu as racheté pour Dieu par ton sang des hommes de toute tribu, de toute langue, de tout peuple, et de toute nation ;

5.10

Tu as fait d'eux un royaume et des sacrificateurs pour notre Dieu, et ils régneront sur la terre.

5.11

Je regardai, et j'entendis la voix de beaucoup d'anges autour du trône et des êtres vivants et des vieillards, et leur nombre était des myriades de myriades et des milliers de milliers.

5.12

<u>Ils disaient d'une voix forte : L'agneau qui a été immolé est digne de recevoir la puissance, la richesse, la sagesse, la force, l'honneur, la gloire, et la louange.</u>

5.13

Et toutes les créatures qui sont dans le ciel, sur la terre, sous la terre, sur la mer, et tout ce qui s'y trouve, je les entendis qui disaient : A celui qui est assis sur le trône, et à l'agneau, soient la louange, l'honneur, la gloire, et la force, aux siècles des siècles !

5.14

Et les quatre êtres vivants disaient : Amen ! Et les vieillards se prosternèrent et adorèrent.

Dans cette lecture que nous venons de faire dans le livre de l'Apocalypse ci-dessus, nous constatons que Jésus-Christ qui est l'agneau de Dieu ? reçut l'adoration dans le ciel, comme Dieu reçoit l'adoration, et Jésus-Christ qui est l'agneau de Dieu, partage le même trône que Dieu, or Dieu n'a qu'un seul trône, sur lequel une seule personne est assise c'est-à-dire Dieu lui-même. Donc, ici la Bible nous révèle clairement que Jésus-Christ était un fractionnement de Dieu sur terre, c'est pourquoi au ciel, il retourne à son lieu naturel c'est-à-dire le trône de Dieu, et il reçoit ce qui lui est dû l'adoration et la louange.

Chapitre 4 : La Sainte trinité

La sainte- trinité, n'a rien a voir avec le fractionnement de Dieu, la sainte trinité est l'essence de Dieu, car Dieu depuis qu'il est Dieu, il demeure une entité trinitaire c'est à dire que Dieu a été toujours une divinité en trois personnes c'est-à-dire le Père, le Fils, et le Saint-Esprit, et les trois sont un seul et même Dieu, liés, et fonctionnent harmonieusement ensembles. Le seigneur Jésus-Christ a révélé ce mystère dans : Matthieu 28.

28.19

Allez, faites de toutes les nations des disciples, les baptisant au nom du Père, du Fils et du Saint Esprit,

28.20

Et enseignez-leur à observer tout ce que je vous ai prescrit. Et voici, je suis avec vous tous les jours, jusqu'à la fin du monde.

Donc dans le fractionnement de Dieu, c'est en même temps, le Père, le Fils, et le Saint-Esprit qui se fractionnent, c'est-à-dire toute la divinité.

A. Le baptême chrétien, doit-il se faire au nom de Jésus-Christ ou au nom du Père du fils et du Saint-Esprit ?

Le baptême est venu du prophète jean baptiste lisons ce qui suit dan les évangiles, Luc 3

3.1

La quinzième année du règne de Tibère César, -lorsque Ponce Pilate était gouverneur de la Judée, Hérode tétrarque de la Galilée, son frère Philippe tétrarque de l'Iturée et du territoire de la Trachonite, Lysanias tétrarque de l'Abilène,

3.2

Et du temps des souverains sacrificateurs Anne et Caïphe, -la parole de Dieu fut adressée à Jean, fils de Zacharie, dans le désert.

3.3

Et il alla dans tout le pays des environs de Jourdain, prêchant le baptême de repentance, pour la rémission des péchés,

3.4

Selon ce qui est écrit dans le livre des paroles d'Ésaïe, le prophète : C'est la voix de celui qui crie dans le désert : Préparez le chemin du Seigneur, Aplanissez ses sentiers.

3.5

Toute vallée sera comblée, Toute montagne et toute colline seront abaissées ; Ce qui est tortueux sera redressé, Et les chemins raboteux seront aplanis.

3.6

Et toute chair verra le salut de Dieu.

3.7

Il disait donc à ceux qui venaient en foule pour être baptisés par lui : Races de vipères, qui vous a appris à fuir la colère à venir ?

3.8

Produisez donc des fruits dignes de la repentance, et ne vous mettez pas à dire en vous-mêmes : Nous avons Abraham pour père ! Car je vous déclare que de ces pierres Dieu peut susciter des enfants à Abraham.

3.9

Déjà même la cognée est mise à la racine des arbres : tout arbre donc qui ne produit pas de bons fruits sera coupé et jeté au feu.

3.10

La foule l'interrogeait, disant : Que devons-nous donc faire ?

3.11

Il leur répondit : Que celui qui a deux tuniques partage avec celui qui n'en a point, et que celui qui a de quoi manger agisse de même.

3.12

Il vint aussi des publicains pour être baptisés, et ils lui dirent : Maître, que devons-nous faire ?

3.13

Il leur répondit : N'exigez rien au delà de ce qui vous a été ordonné.

3.14

Des soldats aussi lui demandèrent : Et nous, que devons-nous faire ? Il leur répondit : Ne commettez ni extorsion ni fraude envers personne, et contentez-vous de votre solde.

3.15

Comme le peuple était dans l'attente, et que tous se demandaient en eux-mêmes si Jean n'était pas le Christ,

3.16

Il leur dit à tous : Moi, je vous baptise d'eau ; mais il vient, celui qui est plus puissant que moi, et je ne suis pas digne de délier la courroie de ses souliers. Lui, il vous baptisera du Saint Esprit et de feu.

3.17

Il a son van à la main ; il nettoiera son aire, et il amassera le blé dans son grenier, mais il brûlera la paille dans un feu qui ne s'éteint point.

3.18

C'est ainsi que Jean annonçait la bonne nouvelle au peuple, en lui adressant encore beaucoup d'autres exhortations.

3.19

Mais Hérode le tétrarque, étant repris par Jean au sujet d'Hérodias, femme de son frère, et pour toutes les mauvaises actions qu'il avait commises,

3.20

Ajouta encore à toutes les autres celle d'enfermer Jean dans la prison.

3.21

Tout le peuple se faisant baptiser, Jésus fut aussi baptisé ; et, pendant qu'il priait, le ciel s'ouvrit.

3.22

Et le Saint Esprit descendit sur lui sous une forme corporelle, comme une colombe. Et une voix fit entendre du ciel ces paroles : Tu es mon Fils bien-aimé ; en toi j'ai mis toute mon affection.

Dans ce passage nous constatons effectivement que Jean-Baptiste le prophète fut le premier à baptiser dans le nouveau testament, et Jésus-Christ lui-même se fit baptisé par le prophète Jean-Baptiste. Et après les disciples de Jésus-Christ ont commencé a baptisé.

Jean 4

4.1

Le Seigneur sut que les pharisiens avaient appris qu'il faisait et baptisait plus de disciples que Jean.

4.2

Toutefois Jésus ne baptisait pas lui-même, mais c'étaient ses disciples.

B. Jésus-Christ donne l'ordre à ses disciples de baptiser au nom du Père et du Fils, et du Saint-Esprit.

Dans l'évangile de Matthieu, le seigneur Jésus-Christ a dit à ses disciples : Matthieu 28

28.19

Allez, faites de toutes les nations des disciples, les baptisant au nom du Père, du Fils et du Saint Esprit.

28.20

Et enseignez-leur à observer tout ce que je vous ai prescrit. Et voici, je suis avec vous tous les jours, jusqu'à la fin du monde.

Ici dans ce passage il est clair que le seigneur Jésus-Christ a recommandé à ses disciples, de baptiser, « Au nom du Père, du Fils et du Saint-Esprit »

Des versets bibliques où les disciples baptisent au nom de Jésus. Actes 2

2.38

Pierre leur dit : Repentez-vous, et que chacun de vous soit baptisé au nom de Jésus Christ, pour le pardon de vos péchés ; et vous recevrez le don du Saint Esprit.

Actes 8

8.16

Car il n'était encore descendu sur aucun d'eux ; ils avaient seulement été baptisés au nom du Seigneur Jésus

Actes 19

19.1

Pendant qu'Apollos était à Corinthe, Paul, après avoir parcouru les hautes provinces de l'Asie, arriva à Éphèse. Ayant rencontré quelques disciples, il leur dit :

19.2

Avez-vous reçu le Saint Esprit, quand vous avez cru ? Ils lui répondirent : Nous n'avons pas même entendu dire qu'il y ait un Saint Esprit.

19.3

Il dit : De quel baptême avez-vous donc été baptisés ? Et ils répondirent : Du baptême de Jean.

19.4

Alors Paul dit : Jean a baptisé du baptême de repentance, disant au peuple de croire en celui qui venait après lui, c'est-à-dire, en Jésus.

19.5

Sur ces paroles, ils furent baptisés au nom du Seigneur Jésus.

Actes 22

22.16

Et maintenant, que tardes-tu ? Lève-toi, sois baptisé, et lavé de tes péchés, en invoquant le nom du Seigneur.

Dans l'évangile de Matthieu ci-dessus, le seigneur Jésus-Christ donne l'ordre aux disciples de baptiser au nom du Père du Fils, et du Saint-Esprit ; et nous voyons les apôtres qui baptisent au nom de Jésus-Christ. Y a-t-il contradiction ?

C. Le baptême au nom de Jésus-Christ et le baptême au nom du Père du Fils et du Saint-Esprit ont la même valeur.

Tous ceux qui baptisent au « Nom du Père, du Fils et du Saint-Esprit », font bien, et tous ceux qui baptisent au « Nom de Jésus-Christ », font aussi bien, car Jésus-Christ étant un fractionnement de Dieu lui-même donne de la valeur au baptême qui se fait, « Au nom de Jésus ».

Le baptême qui se fait « Au nom du Père, du Fils, et du Saint-Esprit » se fait au nom de la plénitude de la divinité dont Jésus-Christ lui-même en un fractionnement, car qui dit Jésus-Christ dit Dieu et qui dit Dieu dit Jésus-Christ. Nous allons refaire la lecture de l'évangile de Jean :

Jean 14

14.1

Que votre cœur ne se trouble point. Croyez en Dieu, et croyez en moi.

14.2

Il y a plusieurs demeures dans la maison de mon Père. Si cela n'était pas, je vous l'aurais dit. Je vais vous préparer une place.

14.3

Et, lorsque je m'en serai allé, et que je vous aurai préparé une place, je reviendrai, et je vous prendrai avec moi, afin que là où je suis vous y soyez aussi.

14.4

Vous savez où je vais, et vous en savez le chemin.

14.5

Thomas lui dit : Seigneur, nous ne savons où tu vas ; comment pouvons-nous en savoir le chemin ?

14.6

Jésus lui dit : Je suis le chemin, la vérité, et la vie. Nul ne vient au Père que par moi.

14.7

Si vous me connaissiez, vous connaîtriez aussi mon Père. Et dès maintenant vous le connaissez, et vous l'avez vu.

14.8

Philippe lui dit : Seigneur, montre-nous le Père, et cela nous suffit.

14.9

Jésus lui dit : Il y a si longtemps que je suis avec vous, et tu ne m'as pas connu, Philippe ! Celui qui m'a vu a vu le Père ; comment dis-tu : Montre-nous le Père ?

14.10

Ne crois-tu pas que je suis dans le Père, et que le Père est en moi ? Les paroles que je vous dis, je ne les dis pas de moi-même ; et le Père qui demeure en moi, c'est lui qui fait les œuvres.

14.11

Croyez-moi, je suis dans le Père, et le Père est en moi ; croyez du moins à cause de ces œuvres.

Ceux qui baptisent au nom de Jésus-Christ le font selon les apôtres dans le nouveau testament, et ceux qui baptisent au nom du Père du fils et du Saint-Esprit le font selon la recommandation du Seigneur Jésus-Christ. Pour mieux nous situer voici ce que déclare, Ephésiens 2

2.202.20

Vous avez été édifiés sur le fondement des apôtres et des prophètes, Jésus Christ lui-même étant la pierre angulaire.

Ce texte de l'Epître de Paul aux éphésiens, nous dit clairement que les deux baptêmes ont la même valeur, car celui qui fait le baptême au nom de Jésus le fait selon l'enseignement des apôtres, et celui qui baptise au nom du « Père, du fils, et du Saint-Esprit », fait aussi bien car il est écrit que Jésus-Christ est la pierre angulaire des enseignements des apôtres ;et dans le cas du baptême ce qui est le plus important quelque soit le baptême qu'on recoit,c'est notre confession de foi, car que ce soit le baptême « Au nom de Jésus » ou le baptême, « Au nom du Père du Fils et du Saint-Esprit », la confessions de foi est la même partout, car on demande toujours à celui ou celle qui veut se faire baptiser, « Veux-tu accepter Jésus-Christ comme ton seigneur et ton sauveur personnel ? » Et celui qui veut se faire baptiser dit : « Oui », alors on lui dit sur ta confession de foi, je te baptise soit : « Au nom du père du fils et du Saint-Esprit », ou je te baptise, « Au nom de Jésus-Christ », donc le plus important c'est notre confession de foi selon qu'il est écrit, dans : Romains 10.

10.9

Si tu confesses de ta bouche le Seigneur Jésus, et si tu crois dans ton cœur que Dieu l'a ressuscité des morts, tu seras sauvé.

10.10

Car c'est en croyant du cœur qu'on parvient à la justice, et c'est en confessant de la bouche qu'on parvient au salut, selon ce que dit l'Écriture.

Chapitre 5 : Les manifestations divines de Jésus-Christ dans le nouveau testament.

A. La transfiguration de Jésus-Christ sur le mont Thabor.

Matthieu 17

17.1

Six jours après, Jésus prit avec lui Pierre, Jacques, et Jean, son frère, et il les conduisit à l'écart sur une haute montagne.

17.2

Il fut transfiguré devant eux ; son visage resplendit comme le soleil, et ses vêtements devinrent blancs comme la lumière.

Luc 9

9.29

Pendant qu'il priait, l'aspect de son visage changea, et son vêtement devint d'une éclatante blancheur.

Actes 9

9.1

Cependant Saul, respirant encore la menace et le meurtre contre les disciples du Seigneur, se rendit chez le souverain sacrificateur,

9.2

Et lui demanda des lettres pour les synagogues de Damas, afin que, s'il trouvait des partisans de la nouvelle doctrine, hommes ou femmes, il les amenât liés à Jérusalem.

9.3

Comme il était en chemin, et qu'il approchait de Damas, tout à coup une lumière venant du ciel resplendit autour de lui.

9.4

Il tomba par terre, et il entendit une voix qui lui disait : Saul, Saul, pourquoi me persécutes-tu ?

9.5

Il répondit : Qui es-tu, Seigneur ? Et le Seigneur dit : Je suis Jésus que tu persécutes. Il te serait dur de regimber contre les aiguillons.

9.6

Tremblant et saisi d'effroi, il dit : Seigneur, que veux-tu que je fasse ? Et le Seigneur lui dit : Lève-toi, entre dans la ville, et on te dira ce que tu dois faire.

9.7

Les hommes qui l'accompagnaient demeurèrent stupéfaits ; ils entendaient bien la voix, mais ils ne voyaient personne.

9.8

Saul se releva de terre, et, quoique ses yeux fussent ouverts, il ne voyait rien ; on le prit par la main, et on le conduisit à Damas.

9.9

Il resta trois jours sans voir, et il ne mangea ni ne but.

9.10

Or, il y avait à Damas un disciple nommé Ananias. Le Seigneur lui dit dans une vision : Ananias ! Il répondit : Me voici, Seigneur !

9.11

Et le Seigneur lui dit : Lève-toi, va dans la rue qu'on appelle la droite, et cherche, dans la maison de Judas, un nommé Saul de Tarse.

9.12

Car il prie, et il a vu en vision un homme du nom d'Ananias, qui entrait, et qui lui imposait les mains, afin qu'il recouvrât la vue. Ananias répondit :

9.13

Seigneur, j'ai appris de plusieurs personnes tous les maux que cet homme a faits à tes saints dans Jérusalem ;

9.14

Et il a ici des pouvoirs, de la part des principaux sacrificateurs, pour lier tous ceux qui invoquent ton nom.

9.15

Mais le Seigneur lui dit : Va, car cet homme est un instrument que j'ai choisi, pour porter mon nom devant les nations, devant les rois, et devant les fils d'Israël ;

9.16

Et je lui montrerai tout ce qu'il doit souffrir pour mon nom.

9.17

Ananias sortit ; et, lorsqu'il fut arrivé dans la maison, il imposa les mains à Saul, en disant : Saul, mon frère, le Seigneur Jésus, qui t'est apparu sur le chemin par lequel tu venais, m'a envoyé pour que tu recouvres la vue et que tu sois rempli du Saint Esprit.

9.18

Au même instant, il tomba de ses yeux comme des écailles, et il recouvra la vue. Il se leva, et fut baptisé ;

B. Les apparitions de Jésus-Christ après sa résurrection.

1. A Marie de Magdala :

Marc 16

16.1

Lorsque le sabbat fut passé, Marie de Magdala, Marie, mère de Jacques, et Salomé, achetèrent des aromates, afin d'aller embaumer Jésus.

16.2

Le premier jour de la semaine, elles se rendirent au sépulcre, de grand matin, comme le soleil venait de se lever.

16.3

Elles disaient entre elles : Qui nous roulera la pierre loin de l'entrée du sépulcre ?

16.4

Et, levant les yeux, elles aperçurent que la pierre, qui était très grande, avait été roulée.

16.5

Elles entrèrent dans le sépulcre, virent un jeune homme assis à droite vêtu d'une robe blanche, et elles furent épouvantées.

16.6

Il leur dit : Ne vous épouvantez pas ; vous cherchez Jésus de Nazareth, qui a été crucifié ; il est ressuscité, il n'est point ici ; voici le lieu où on l'avait mis.

16.7

Mais allez dire à ses disciples et à Pierre qu'il vous précède en Galilée : c'est là que vous le verrez, comme il vous l'a dit.

16.8

Elles sortirent du sépulcre et s'enfuirent. La peur et le trouble les avaient saisies; et elles ne dirent rien à personne, à cause de leur effroi.

16.9

Jésus, étant ressuscité le matin du premier jour de la semaine, apparut d'abord à Marie de Magdala, de laquelle il avait chassé sept démons.

16.10

Elle alla en porter la nouvelle à ceux qui avaient été avec lui, et qui s'affligeaient et pleuraient.

16.11

Quand ils entendirent qu'il vivait, et qu'elle l'avait vu, ils ne le crurent point.

16.12

Après cela, il apparut, sous une autre forme, à deux d'entre eux qui étaient en chemin pour aller à la campagne.

16.13

Ils revinrent l'annoncer aux autres, qui ne les crurent pas non plus.

16.14

Enfin, il apparut aux onze, pendant qu'ils étaient à table ; et il leur reprocha leur incrédulité et la dureté de leur cœur, parce qu'ils n'avaient pas cru ceux qui l'avaient vu ressuscité.

16.15

Puis il leur dit : Allez par tout le monde, et prêchez la bonne nouvelle à toute la création.

16.16

Celui qui croira et qui sera baptisé sera sauvé, mais celui qui ne croira pas sera condamné.

16.17

Voici les miracles qui accompagneront ceux qui auront cru : en mon nom, ils chasseront les démons ; ils parleront de nouvelles langues ;

16.18

Ils saisiront des serpents ; s'ils boivent quelque breuvage mortel, ils ne leur feront point de mal ; ils imposeront les mains aux malades, et les malades, seront guéris.

16.19

Le Seigneur, après leur avoir parlé, fut enlevé au ciel, et il s'assit à la droite de Dieu.

16.20

Et ils s'en allèrent prêcher partout. Le Seigneur travaillait avec eux, et confirmait la parole par les miracles qui l'accompagnaient.

2. Apparrition De Jésus-Christ à Etienne avant sa lapidation.

Actes 7

7.51

Hommes au cou raide, incirconcis de cœur et d'oreilles ! vous vous opposez toujours au Saint Esprit. Ce que vos pères ont été, vous l'êtes aussi.

7.52

Lequel des prophètes vos pères n'ont-ils pas persécuté ? Ils ont tué ceux qui annonçaient d'avance la venue du Juste, que vous avez livré maintenant, et dont vous avez été les meurtriers.

7.53

Vous qui avez reçu la loi d'après des commandements d'anges, et qui ne l'avez point gardée ! ...

7.54

En entendant ces paroles, ils étaient furieux dans leur cœur, et ils grinçaient des dents contre lui.

7.55

Mais Étienne, rempli du Saint Esprit, et fixant les regards vers le ciel, vit la gloire de Dieu et Jésus debout à la droite de Dieu.

7.56

Et il dit : Voici, je vois les cieux ouverts, et le Fils de l'homme debout à la droite de Dieu.

7.57

Ils poussèrent alors de grands cris, en se bouchant les oreilles, et ils se précipitèrent tous ensemble sur lui,

7.58

le traînèrent hors de la ville, et le lapidèrent. Les témoins déposèrent leurs vêtements aux pieds d'un jeune homme nommé Saul.

7.59

Et ils lapidaient Étienne, qui priait et disait : Seigneur Jésus, reçois mon esprit !

7.60

Puis, s'étant mis à genoux, il s'écria d'une voix forte: Seigneur, ne leur impute pas ce péché! Et, après ces paroles, il s'endormit.

3. **Dernières recommandations aux apôtres avant sa montée au ciel.**

Actes 1

1.1

Théophile, j'ai parlé, dans mon premier livre, de tout ce que Jésus a commencé de faire et d'enseigner dès le commencement

1.2

Jusqu'au jour où il fut enlevé au ciel, après avoir donné ses ordres, par le Saint Esprit, aux apôtres qu'il avait choisis.

1.3

Après qu'il eut souffert, il leur apparut vivant, et leur en donna plusieurs preuves, se montrant à eux pendant quarante jours, et parlant des choses qui concernent le royaume de Dieu.

1.4

Comme il se trouvait avec eux, il leur recommanda de ne pas s'éloigner de Jérusalem, mais d'attendre ce que le Père avait promis, ce que je vous ai annoncé, leur dit-il ;

1.5

Car Jean a baptisé d'eau, mais vous, dans peu de jours, vous serez baptisés du Saint Esprit.

1.6

Alors les apôtres réunis lui demandèrent : Seigneur, est-ce en ce temps que tu rétabliras le royaume d'Israël ?

1.7

Il leur répondit : Ce n'est pas à vous de connaître les temps ou les moments que le Père a fixés de sa propre autorité.

1.8

Mais vous recevrez une puissance, le Saint Esprit survenant sur vous, et vous serez mes témoins à Jérusalem, dans toute la Judée, dans la Samarie, et jusqu'aux extrémités de la terre.

1.9

Après avoir dit cela, il fut élevé pendant qu'ils le regardaient, et une nuée le déroba à leurs yeux.

1.10

Et comme ils avaient les regards fixés vers le ciel pendant qu'il s'en allait, voici, deux hommes vêtus de blanc leur apparurent,

1.11

Et dirent: Hommes Galiléens, pourquoi vous arrêtez-vous à regarder au ciel? Ce Jésus, qui a été enlevé au ciel du milieu de vous, viendra de la même manière que vous l'avez vu allant au ciel.

1.12

Alors ils retournèrent à Jérusalem, de la montagne appelée des oliviers, qui est près de Jérusalem, à la distance d'un chemin de sabbat.

4. Pourquoi Jésus-Christ est-il le Dieu tout-puissant ?

Dans les chapitres précédents, nous avons parlé du fractionnement de Dieu, nous avons vu comment le Dieu tout-puissant pouvait être partout à la fois et être au même moment sur son trône, et contrôler pleinement tout l'Univers, nous avons pris l'exemple de quand tous ceux qui dans le monde sont entrain de prier Dieu au même moment, Dieu n'est-il pas avec eux ? Et sur son trône, et en même temps contrôlant au même moment tout l'Univers ?

Nous basant sur ces pensées, on peut dire que Jésus-Christ est le Dieu tout-puissant, certains diront mais pourquoi quand il s'est fait baptiser, une voix s'est fait entendre du ciel, disant « Celui-ci est mon fils bien-aimé écoutez le », alors si Jésus Christ est le Dieu tout-puissant pourquoi cette autre voix qui parla du ciel dit que Jésus-Christ est son fils ? Si nous avons bien compris la notion sur le fractionnement de Dieu dans tout l'Univers, nous avons la réponse à cette question.

Conclusion

La seule nature de Dieu fera toujours la différence entre lui et sa créature, Dieu existe avant toutes choses et toutes choses existent de par sa volonté de les créer, si nous voulons vraiment croire à l'immensité, à la grandeur et la puissance infinie de Dieu, il faut tout simplement croire que Dieu est capable de tout.

Quelques psaumes pour rendre gloire à la magnificence de Dieu.

Psaumes 19

19.1

Au chef des chantres. Psaume de David.

19.2

Les cieux racontent la gloire de Dieu, Et l'étendue manifeste l'oeuvre de ses mains.

Psaumes 150

150.1

Louez l'Éternel ! Louez Dieu dans son sanctuaire ! Louez-le dans l'étendue, où éclate sa puissance !

150.2

Louez-le pour ses hauts faits ! Louez-le selon l'immensité de sa grandeur !

150.3

Louez-le au son de la trompette ! Louez-le avec le luth et la harpe !

150.4

Louez-le avec le tambourin et avec des danses ! Louez-le avec les instruments à cordes et le chalumeau !

150.5

Louez-le avec les cymbales sonores ! Louez-le avec les cymbales retentissantes !

150.6

Que tout ce qui respire loue l'Éternel ! Louez l'Éternel !

Psaumes 33

33.1

Justes, réjouissez-vous en l'Éternel ! La louange sied aux hommes droits.

33.2

Célébrez l'Éternel avec la harpe, Célébrez-le sur le luth à dix cordes.

33.3

Chantez-lui un cantique nouveau ! Faites retentir vos instruments et vos voix !

33.4

Car la parole de l'Éternel est droite, Et toutes ses œuvres s'accomplissent avec fidélité ;

33.5

Il aime la justice et la droiture ; La bonté de l'Éternel remplit la terre.

33.6

Les cieux ont été faits par la parole de l'Éternel, Et toute leur armée par le souffle de sa bouche.

33.7

Il amoncelle en un tas les eaux de la mer, Il met dans des réservoirs les abîmes.

33.8

Que toute la terre craigne l'Éternel ! Que tous les habitants du monde tremblent devant lui !

33.9

Car il dit, et la chose arrive ; Il ordonne, et elle existe.

33.10

L'Éternel renverse les desseins des nations, Il anéantit les projets des peuples ;

33.11

Les desseins de l'Éternel subsistent à toujours, Et les projets de son cœur, de génération en génération.

33.12

Heureuse la nation dont l'Éternel est le Dieu ! Heureux le peuple qu'il choisit pour son héritage !

33.13

L'Éternel regarde du haut des cieux, Il voit tous les fils de l'homme ;

33.14

Du lieu de sa demeure il observe Tous les habitants de la terre,

33.15

Lui qui forme leur cœur à tous, Qui est attentif à toutes leurs actions.

33.16

Ce n'est pas une grande armée qui sauve le roi, Ce n'est pas une grande force qui délivre le héros ;

33.17

Le cheval est impuissant pour assurer le salut, Et toute sa vigueur ne donne pas la délivrance.

33.18

Voici, l'œil de l'Éternel est sur ceux qui le craignent, Sur ceux qui espèrent en sa bonté,

33.19

Afin d'arracher leur âme à la mort Et de les faire vivre au milieu de la famine.

33.20

Notre âme espère en l'Éternel ; Il est notre secours et notre bouclier.

33.21

Car notre cœur met en lui sa joie, Car nous avons confiance en son saint nom.

33.22

Éternel! que ta grâce soit sur nous, Comme nous espérons en toi!

Psaumes 145

145.1

Louange. De David. Je t'exalterai, ô mon Dieu, mon roi ! Et je bénirai ton nom à toujours et à perpétuité.

145.2

Chaque jour je te bénirai, Et je célébrerai ton nom à toujours et à perpétuité.

145.3

L'Éternel est grand et très digne de louange, Et sa grandeur est insondable.

145.4

Que chaque génération célèbre tes œuvres, Et publie tes hauts faits !

145.5

Je dirai la splendeur glorieuse de ta majesté ; Je chanterai tes merveilles.

145.6

On parlera de ta puissance redoutable, Et je raconterai ta grandeur.

145.7

Qu'on proclame le souvenir de ton immense bonté, Et qu'on célèbre ta justice !

145.8

L'Éternel est miséricordieux et compatissant, Lent à la colère et plein de bonté.

145.9

L'Éternel est bon envers tous, Et ses compassions s'étendent sur toutes ses œuvres.

145.10

Toutes tes œuvres te loueront, ô Éternel ! Et tes fidèles te béniront.

145.11

Ils diront la gloire de ton règne, Et ils proclameront ta puissance,

145.12

Pour faire connaître aux fils de l'homme ta puissance Et la splendeur glorieuse de ton règne.

145.13

Ton règne est un règne de tous les siècles, Et ta domination subsiste dans tous les âges.

145.14

L'Éternel soutient tous ceux qui tombent, Et il redresse tous ceux qui sont courbés.

145.15

Les yeux de tous espèrent en toi, Et tu leur donnes la nourriture en son temps.

145.16

Tu ouvres ta main, Et tu rassasies à souhait tout ce qui a vie.

145.17

L'Éternel est juste dans toutes ses voies, Et miséricordieux dans toutes ses œuvres.

145.18

L'Éternel est près de tous ceux qui l'invoquent, De tous ceux qui l'invoquent avec sincérité ;

145.19

Il accomplit les désirs de ceux qui le craignent, Il entend leur cri et il les sauve.

145.20

L'Éternel garde tous ceux qui l'aiment, Et il détruit tous les méchants.

145.21

Que ma bouche publie la louange de l'Éternel, Et que toute chair bénisse son saint nom, A toujours et à perpétuité.

Printed by Books on Demand GmbH, Norderstedt / Germany